# PICTORIAL CALLIGRAPHY AND ORNAMENTATION

DOVER *Pictorial Archive* SERIES

# PICTORIAL CALLIGRAPHY AND ORNAMENTATION

*86 plates selected by Edmund V. Gillon, Jr.*

*from the work of*

*Pedro Díaz Morante, Giuliano Sellari and Leopardo Antonozzi*

DOVER PUBLICATIONS, INC., NEW YORK

Published in Canada by General Publishing Company, Ltd., 30 Lesmill Road, Don Mills, Toronto, Ontario.
Published in the United Kingdom by Constable and Company, Ltd.

*Pictorial Calligraphy and Ornamentation,* first published by Dover Publications, Inc., in 1972, is a new selection of 86 plates from the following works:
Pedro Díaz Morante, *Nueva arte de escrevir,* Madrid, 1616–1631.
Giuliano Sellari, *Laberinto di varii caratteri*, Rome, 1635.
Leopardo Antonozzi, *De caratteri*, Rome, 1638.

DOVER *Pictorial Archive* SERIES



*International Standard Book Number: 0-486-22788-X*
*Library of Congress Catalog Card Number: 73-188809*

Manufactured in the United States of America
Dover Publications, Inc., 180 Varick Street, New York, N. Y. 10014

# *Publisher's Note*

The present book offers a generous selection of pages from three seventeenth-century classics of calligraphy, a selection that emphasizes the pictorial and ornamental elements rather than the writing itself. Complete copies of these books are exceedingly rare items, and we are pleased to be able to reproduce large parts of them, strictly from original impressions. (Within each title we have grouped the pages by content—dedications, alphabets, etc.—but we have not attempted to reestablish the original order of the pages.)

Modern calligraphy and model books of handwriting and lettering arose in Renaissance Italy. Chancery cursive, the most popular form of longhand for hundreds of years, was developed in the Apostolic Chancery of the Roman Curia during the fifteenth century. In the sixteenth century, this writing style was consecrated by such great model books as those of Arrighi, Palatino and Cresci in Italy, and that of Icíar in Spain. The seventeenth century witnessed an even greater flow of engraved books of calligraphy containing a developed Baroque form of chancery cursive. The three works represented here, those of Morante, Sellari and Antonozzi, are truly outstanding examples from this period.

### Morante and the *Nueva arte de escrevir* (Plates 1–31)

The Spanish calligrapher Pedro Díaz Morante was born at Alcázar de San Juan in 1565 or 1566. In the early 1590's he moved to Toledo, where he soon became famous for his extraordinary skill with the pen and the speed with which he could teach good penmanship to others. Although his methods were firmly grounded in earlier and contemporary Italian and Spanish sources, he always claimed the merit of newness for it, and he does seem to have been a pioneer in the time-saving procedure of linking up letters in writing. At any rate, Morante's all-around celerity aroused dangerous suspicions that the Devil had a hand in his success.

In 1612 Morante moved to Madrid, where the popularity of his writing system soon placed him beyond the range of his rivals' shafts. In 1616 he became an official examiner of teachers of calligraphy, and in that same year he published the first part of the book that was to ensure his lasting fame, the *Nueva arte de escrevir* (New Art of Writing). In his own lifetime, though never wealthy, Morante was greatly honored and participated actively in the intellectual ferment of *siglo de oro* Madrid. He counted among his friends and admirers the writers Lope de Vega and Valdivielso (see his dedications to them, Plates 7 and 8) and the gifted churchman Paravicino, the subject of El Greco's famous portrait in the Boston Museum of Fine Arts (see Plates 6 and 9). Morante also tutored the son of Philip III. When he died in 1636, his teaching practice, publishing program and examinership were taken over by his son—born in 1590 and also named Pedro Díaz Morante—whom he had trained in his art.

As mentioned above, the first part of Morante's book, containing 17 plates plus text, appeared in 1616. The second part, containing 28 plates plus text, appeared in 1624; like the first, it was printed by Luis Sánchez. The third part, containing 25 plates plus text, was published in 1629. (The first three plates in the present volume reproduce the engraved titles of Parts I, II and

III, dated 1615, 1623 and 1627, respectively.) The fourth part, printed by Juan González and containing 30 plates plus text, was published in 1631.

The engravings include dedications (Plates 5–10), prayers and religious maxims (Plates 11–20), thoughts on calligraphy (Plate 21) and alphabets and syllables (Plates 22–26); Plates 27–31 are enlargements of details from entire engraved pages.

Some of the plates in Part I were engraved by Antonio de Villafañe, but Morante soon began to engrave his plates himself. The last twenty plates of Part IV (and perhaps some pages in earlier parts) were entirely the work of the younger Morante, who was also responsible for various other plates (such as our Plate 18, dated three years after the elder Morante's death) that are sometimes bound in with material from the four published parts (apparently more material was gradually being produced for a promised fifth part). It is said that toward the end of the seventeenth century the engraved plates of the Morante book were sent to Spain's American colonies for the edification of calligraphers in the New World.

### Sellari and the *Laberinto di varii caratteri* (Plates 32–56)

The historian of calligraphy Carla C. Marzoli has called Giuliano Sellari's *Laberinto di varii caratteri* (Labyrinth of Various Characters) "one of the most elegantly and tastefully executed writing-books of the XVII century." The book, containing 32 plates, was published by the author in Rome in 1635. On the title page Sellari is described as a native of Cortona (Italy), a writer, arithmetician and geometer; it has not been possible to obtain further biographical data. The engraver is identified as Camillo Cungi; Cungi, or Cungius, who also engraved the Antonozzi book, was born in Rome about 1604 and worked in Rome and Florence.

The engravings include dedications (Plates 34–37), reflections on art and life (Plates 38–42) and alphabets (Plates 44–56), including the greater part (A–E and L–V) of one extremely large and elaborate alphabet (Plates 49–56).

### Antonozzi and *De caratteri* (Plates 57–75)

Leopardo Antonozzi was born in the little town of Osimo near Ancona in Italy—hence the "Osimano" that follows his name in many of the plates. According to one source, he taught calligraphy in Osimo from about 1620 to about 1630. After moving to Rome he worked at the Vatican as an illuminator and miniaturist, and also sang in the papal choir. He was still living in 1658. His book *De caratteri* (On Characters), engraved by Cungius, appeared in 1638. It contained two pages in type, 34 copperplate engravings and 37 woodcut pages of inscriptional capital letters.

The engravings include dedications (Plates 57–70), maxims (Plates 71–74) and letters of the alphabet (Plate 75).

It has not been possible to determine the exact source of the large alphabet in Plates 76–86. The designer is identified as "Antonotius" (Antonozzi??) in Plate 83. The letters are clearly modeled after the famous ones in the style book of Amphiareo Vespasiano published in Venice in 1554.

1
NVEVA
Arte de escreuir inventada conel fabor de=
Dios porel maestro P. Diaz Moran=
te, conlaqual sabran escreuir en muy breue tie=
po, y con gran destreza y gala, todos los=
que con quenta y cudicia la imitaren y con=
particularidad hombres, y mancebos.
EN Madrid Con preui=
legio del Rey Nuestro S.
Año de 1615

SEGVNDA
parte del Arte nueua de escreuir Compuesta por
el Maestro P.o Diaz Morante Examinador
delos maestros desu arte, laqual se intitula Enseñan-
ca de principes Con laqual sabran escreuir confacilidad
y notable breuedad ylos hombres q no supieren escreuir Aprenderan entres Messes ylos niños con notable
breuedad 1623.

TERCERA PARTE
de la nueua Arte de es creuir que a inventado y
compuesto el Maestro Pedro Dias Morante exsaminado
de los Maestros del Arte de es creuir la qual es la mas diestra
de todas y demas Arte y breue enseñanza
Año de
1627

11
IHS

17
Al Ex.mo Señor Don Bernardino
Fernandez de Velasco Condestable de Castilla
Conde de Aro Duque de Frias q. Dios G.e etª
Morante
1630

19
Al R.mo P. fr. Hortensio felix
Paravicino. Ministro Prouincial. Comisario
Vicario General. Predicador de su Mag.d ett.a
Morante
1630.

20
Al Insigne y celebrado Fenix del
Mundo. Lope Felix de Vega Carpio del
Abito de San Juan
Morante

21
AL Insigne Maestro famoso Diuino
Istoriador de diuinas Poesias. Joseph de
Valdiuielso Celebrado entodo el Mundo et.a
Morante
1630

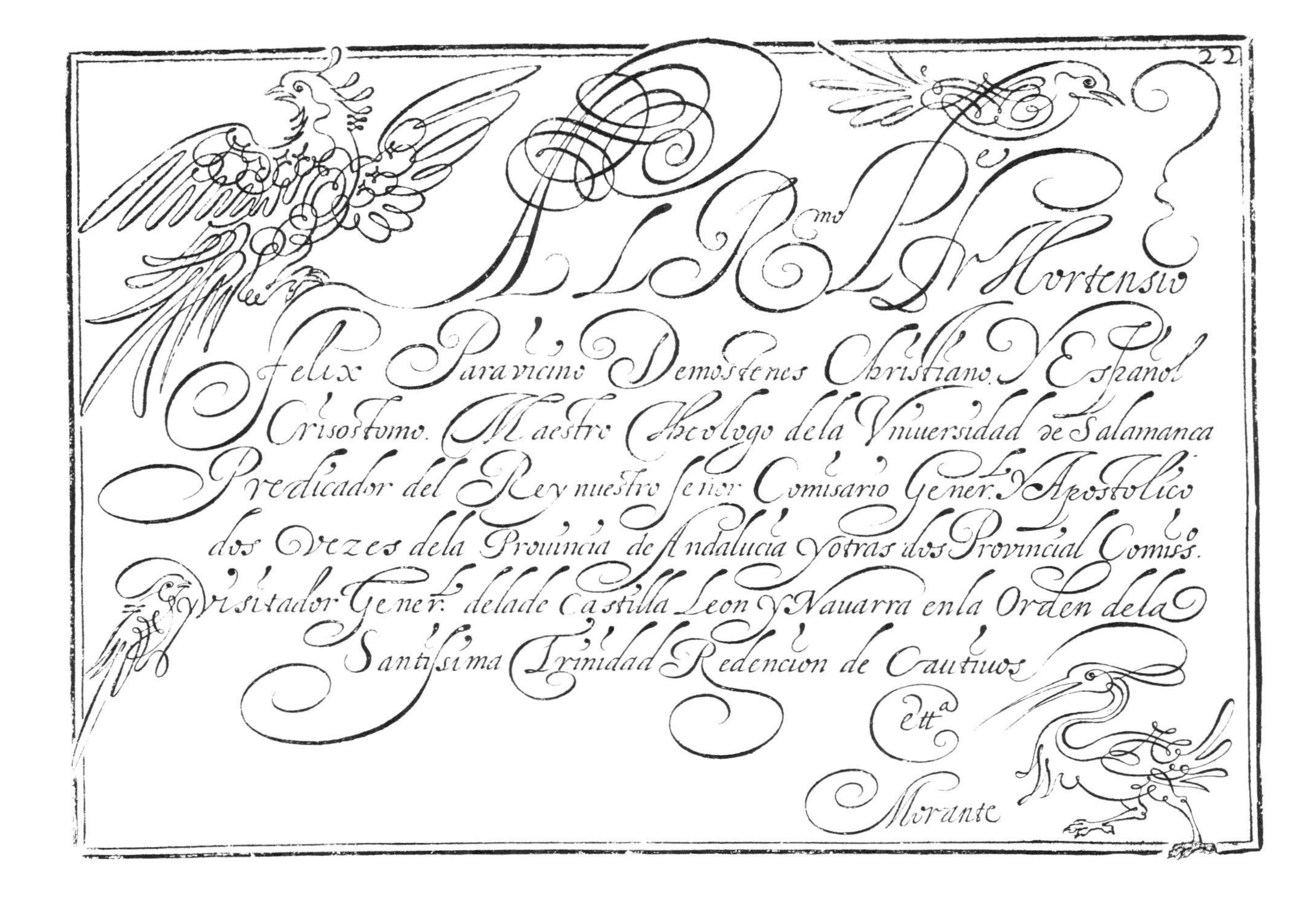
22
Al Rmo P. Fr Hortensio
Felix Paravicino Demostenes Christiano y Español
Crisostomo. Maestro Theologo dela Vniuersidad de Salamanca
Predicador del Rey nuestro señor Comisario Gener. y Apostolico
dos Vezes dela Prouincia de Andalucia y otras dos Provincial Comiss.
Visitador Gener. delade Castilla Leon y Nauarra en la Orden dela
Santissima Trinidad Redencion de Cautiuos
Ett.a
Morante

23
Al Moso Grande escriuano
Jorge dela Rayoz aquien Enseño el Maes.tro
pedro Diaz Morante porsunueua Arte de
escreuir en menos de tres messes M.e enlaciudad
de Estella

Amantissimo Señor mio gloria mia= Dios mio. Summo. bien mio. contenta- miento mio, y mi summo bien. Summ̃= alegria. y Summa gloria. dadme via gr.

O Amantissimo y celestial padre nuestro. que estas en los cie= los. O summo y soberano bien. O summa gloria de los justos. y= summa justicia. O infinita y summa misericordia. O eterno y s̃ berano Dios inmenso. santificado. Santificado. sea el tu nombre

Morante.

O PADRE NUESTRO
Sublime, y alto, que estas en los cielos, O summo, y soberano bien nuestro, y =
Summo criador, y summo, Redemptor, y todo el summo bien quando os =
amare con summo cuydado amantissimo Dios nuestro, y todo nuestro sum =
mo bien. O quando, quando, Dios mio, y Señor mio reconocere con obras, pa =
labras, y pensamientos, los grandes beneficios y mercedes que he recebido de vra
poderosa mano, O summo bien, O admirable Dios, santificado sea el tu nom =
bre Dios mio, Venganos tu gracia a todos para que sepamos todos santi =
ficarte, y amarte, y danos buena vida, y buena muerte, Para que ene
se tu reyno celestial, y celestiales moradas te gozemos eterna mente Amen.
Morante lo Scriuio

O QVANDO AMANtissimo
Diosmio y summo Señor os amare contoda mialma, toda mimente mi virtud
y fuerzas. O quando, quando quando Noos offendere ymas, O quandosera=
aqueldia que viua yo como angel alauandoos y amando os sin cessar, O quando,
sera aquel dia queyo y todos mis hermanos los hombres viuamos enlatierra
como Serafines abrassados enpuros amores vuestros O summo bien nuestro y=
Summo, Redemptor nro y todo nuestro summo bien dadnos aentender quien
Soys y quien somos, Ea Señor reconozca el hombre sumisseria, con verdadera
luz y gracia vuestra, Ea Señor nro, y padre nuestro que estays enlosciclos,
libradnos detodomal detodo peligro y tentacion y lleuadnos a vra gloria amē

El Maestro Pº Diaz Morante lo Scriuio En Madrid en 14.
De Diziembre de 1623. anos. Elqual es Avtor deesta nueua Arte

DIZE SAN IGUAN

Climaco que la oracion es guarda del mundo. Reclinacion de Dios. Madre y hija de las lagrimas. Perdon de los pecados, puente para passar las tentaciones y trabajos. Muro contra las tribulaciones. Vitoria de las batallas, obra de Angeles. Mantenimiento de las sustancias in in corporeas. Gusto de la alegria aduenidera, obra que no se acaba. Venero de virtudes. Procura dora de las gracias, Aprobechamiento, insensible. Mantenimiento del anima. Lumbre del enten dimiento. Cuchillo de la dessesperacion, argumento de la fe. Destierro de la tristeça. Riqueça de los religiosos.

EN la Villa de Madrid. En primero de Março de Mil y seyscientos y veinte y tres años Lo Scriuio Un maestro P. Diaz Morante y sea alabado Dios amen.

RECUERDE EL

alma dormida, avive el seso y despierte contemplando, como se passa la vida como se viene la muerte tan callando. quan presto se va el plazer, como despues de acordado da dolor, como a nuestro parecer qualquiera tiempo passado fue mejor, Pues que vemos lo presente quan en un punto sees ydo y acabado, Si juzgamos sabia mente daremos lo no venido por passado. No se engañe nadie no pensando que a de durar lo que es pera mas que duro lo que vio, pues que todo a de passar por tal manera, Nuestras vidas son los rios que van a dar en la mar que es el morir, alla van los Señorios derechos a se acabar y consumir. Alli los rios caudales, alli los otros medianos y mas chicos allegados son iguales, los que viven por sus manos y los ricos. El m.

P. Diaz Morante

# PEDRO DIAZ

## DECLARANDO

San Fr.º a sus frayles que cosa era el estado delos menores les dize; assi la religion y vida delos frayles menores, es vna pequeña grey y manada, la qual el hijo de Dios enesta vltima ora, pidio a su padre celestial diziendo Padre querria que hiziesedes vn nueuo pueblo, y humilde eneste postimero tiempo: El qual fuesse diferente en humildad y pobreza de todos los otros y que se contase tener ami solo enel mundo: y dixo el Padre a su amado hijo: (Hijo mio muy amado ya he hecho lo que pediste, y dezia el santo Padre que por eso quiso el Señor, y loreuelo que fuessen llamados (Hermanos menores,) Porque estee es el pueblo pobre y humilde que el hijo de Dios pidio a su Padre, y coneste hablaua Nuestro Señor Jesu Christo enel santo, Evangelio diziendo No temays pequeña y mucha grey, por que a placido ami Padre daros el Reyno y puesto que de todos los pobres de espiritu, entendio esto Particularmente fue dicho por la regla y Religion de los frayles menores. Sacose de sus coronicas cap. 20. a fojas 18.

Morante

contẽtase

DEZIA EL GLOrio=
so seraphico San Fr.co Mi padre que nuestro cuerpo
es nuestra celda y nuestra alma el hermitaño que en=
lacelda mora, para orar al Señor Nuestro Redemp=
tor y meditar ensus beneficios, y si el alma nomora quie=
ta mente enesta sucelda poco aprouecha al religioso la=
celda del monasterio. Ninguno por vosotros sea es=
candalizado Mas todos con vuestra mansedumbre
sean prouocados apaz, benignidad y concordia, que=
paraeso somos llamados. Para que curemos las lla=
gas de nuestros hermanos y boluamos alcamino los=
herrados, ayuntemos los derramados, y los atemos cō=
losclauos del temor deDios. Morante lo Scr. en M

IESVS
MARIA
LA BVENA
diligencia es madre de la buena Ventura, pues
con ella obrando bien los hombres consiguen
la mayor dicha que es Dios. Con diligencia
en el mundo las mas veces se alcança lo que
se desea, como al contrario el ocio y la pereça no
logran mas que infamias y desuenturas tempo-
rales: disponiendo los coraçones humanos
para cebo de los incendios eternos.
Morante
1639

7

Si por cruz tormento y pena Entra en su gloria el
señor como quiere el pecador ir por descanso ala agena g
Q te aprouecha que sepas muchas cossas. si no te sabes
saluar. q te aprouecha que posseas todo el Mundo si tu alma
se pierde

Con grande temor, Grande amor, y grande reuerencia, deuemos los hombres dezir=
esta oracion a nuestro summo y altissimo Dios, todos los dias, oras, y momentos
Señor y Dios mio, que me aveys criado, a vuestra imagen y semejança para solo=
amaros, seruiros y alauaros, y pues que vuestro amoroso intento fue redemirme, y=
padezer por mi hasta morir clauado en vna Cruz. Ruego os Señor y Dios mio me=
de vs vuestra gracia cumplida, para que fielmente siga vuestros caminos y guarde
vuestros Mandamientos fielmente, dando a todos mis proximos y hermanos buen=
exemplo con vida y costumbres santas, y despues de esta vida me dad vra gloria.

En la imperial Villa de Madrid En 3 de Henero de
este año de 1624, lo Seruiio El Maestro P.º Diaz Morante.

Estos Borradores derrasgos larg.os q salen demedida y compas tienen grande Arte, y los q los imitaren sebaran famosos escriuanos y con breuedad que admire, y en estando diestros, sean dedexar haziendo los recogidos que passen poco mas del medio del blanco delacalle

Estos rasgos deestos borradores son Magistrales que solo sean de vsar, en laescuela enlos principios delescreuir porque conellos y conel arte trauada seharan todos gallardos escriuanos, y antes que salga eldiscipulo dela escuela leade dar el maestro Materias deletra pequeña singenero de rasgos y las astas delas eles, pees, yeues, dees, y ies, noan depassar mas q vn poquito delmedio del blanco del blanco delacalle deentre renglon y renglon y assi saldran fundados.

Morante lo scriuio

26
Morante

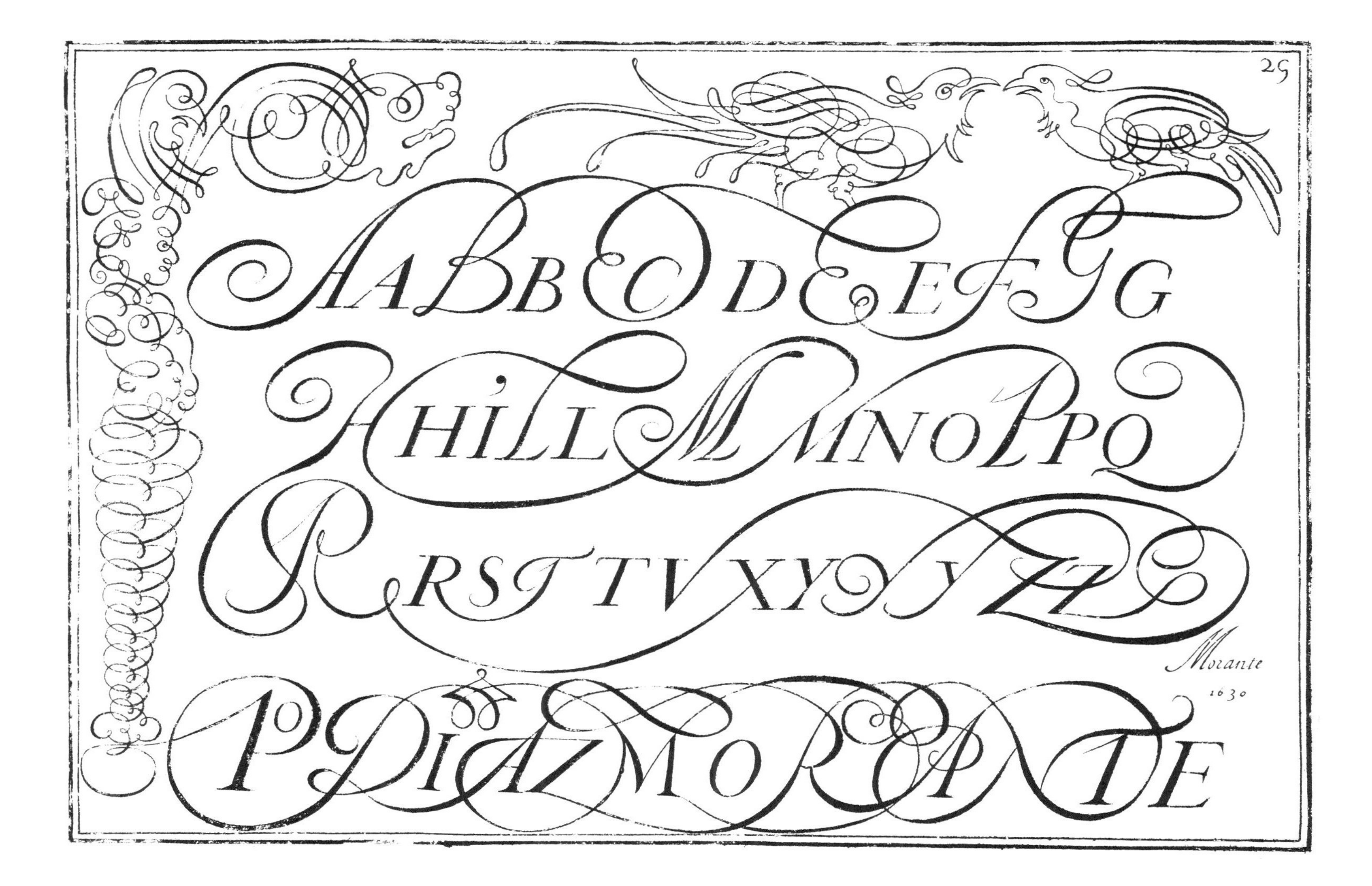
25
Morante
1630
Pº DIAZ MORANTE

Amor bamos caminando alagloria patria y origen delas almas justas. oalma mia y que summo bien es elque alla segoza. Amantissimo Dios mio y todo mi summo bien dadme buena vida etª

Ban ben bin bon bun Can cen cin çon cun Danden din don dun fan fen fin fon fun Gan guen guin

Morante

Morante

Morante

A HAZE
EL que Assi se Vence
L P Crezoso
P ara no seguir
L Virtud, tome que A
Leones en el camino.
Proberuios, CAP. 26
Vers. 13.

IHS

Lettera Cancellaresca
Gli huomini sicome di complessione son differenti, cosi uary sono i
loro appetiti. Ond io ho distinto questo mio libretto aguisa di bel
giardino, con uarieta di caratteri, e con alcuni laberinti, acciochè
ognuno a suo diletto, colga quei fiori, che piu si renderanno grati
al gusto suo, et insieme riconoscer possa l'artificio dell'autore
Giuliano Sellari Cortonese scriueua in Roma

IVLIANVS
SELLARIVS
CORTONEN
INVENT

Al M.to Ill.re Sig.re Il Sig. Cau.re Pier Francesco Paoli
Segretario de Sig.ri Sauelli

Alla gloria della penna di V.S. è douuto l'impiego di tutte le penne. Quelle degl'altri tesseranno le sue lodi. La mia non sa formar altro, che questi pochi caratteri in segno della singolare osseruanza, che porto alle sue molte uirtù, e le bacio le mani. Il Sellari Scritt.re

All'Em.mo et R.mo Sig.r et Pron. Col.mo
Il Sig. Card. Biscia

Accorgendomi, che queste mie linee non potevano ben compari
re senza il riflesso di qualche lume, ho giudicato necessario
dedicarle à V. Emin.za dalla cui chiarissima porpora, rice
ueranno tale splendore, che confido siano per sodisfare
all'occhio de riguardanti. Viua longamente felice come
ne prego Dio, e le fo humilissima riuerenza.

Hum.mo e Deuot.mo Ser.re
Giuliano Sellari

All'Em.mo e R.mo Sig.r Pron Col.mo
Il Sig. Card. Verospi
V. Em.za ch'hà accresciuto splendore alle Porpore puo acco
portar chiarezza agl'inchiostri. Io pongo riuerentemen:
te in questo foglio il suo gloriosissimo nome, per non nega
re si bel tesoro alla pouertà de miei carattri, ne quali ar:
ricchiti potrà forse legger l'inuidia qualche mio prospe
ro auuenimento. E le fo humilissima riuerenza
Hum.mo e Deuot.mo Ser.re
Giuliano Sellari

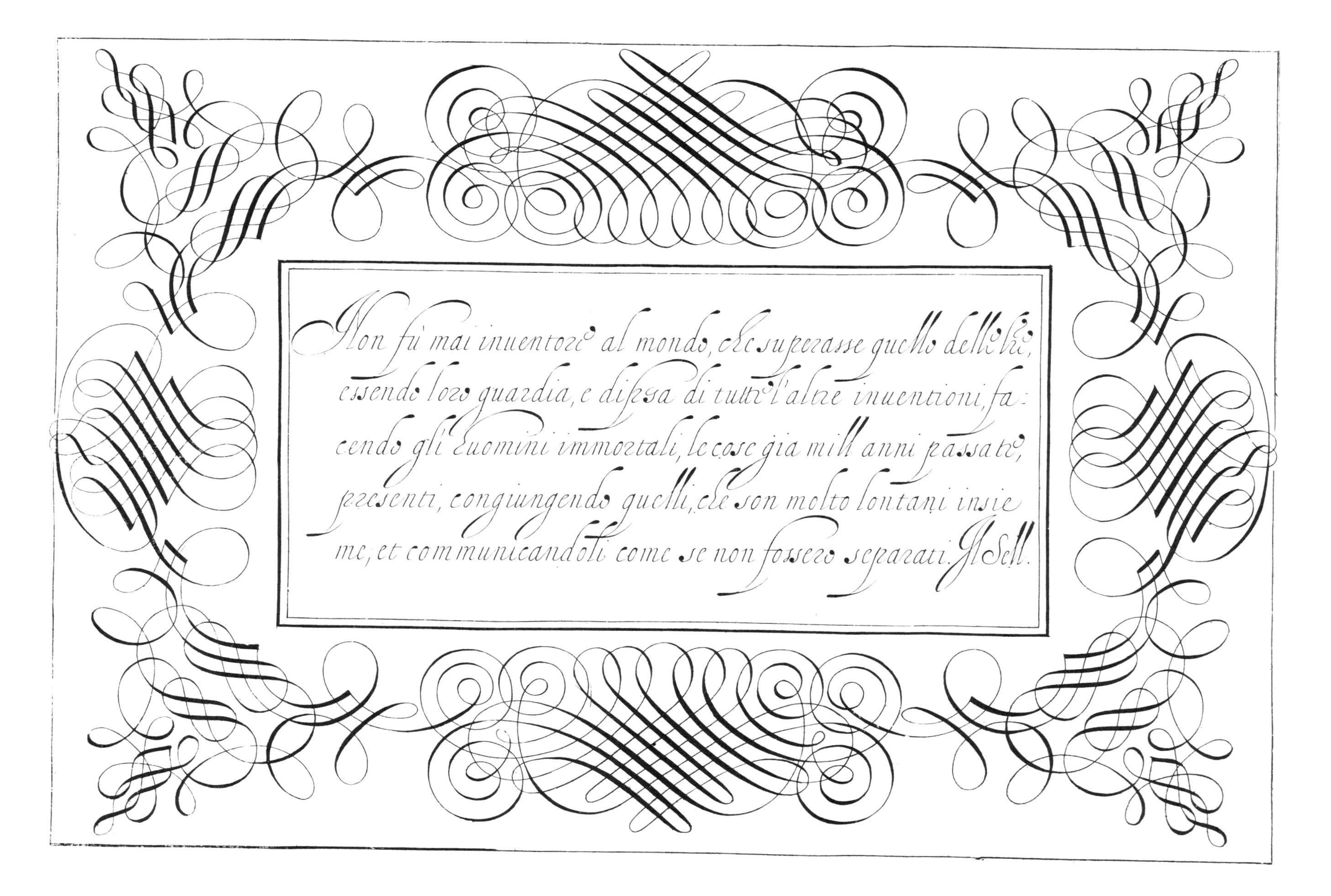
Non fù mai inuentore al mondo, che superasse quello delli Chri;
essendo loro guardia, e difesa di tutte l'altre inuentioni, fa:
cendo gli huomini immortali, le cose gia mill anni passate,
presenti, congiungendo quelli, che son molto lontani insie
me, et communicandoli come se non fossero separati. JSell.

Essendo la vita libera la piu amata, e desiderata,
che sia non solamente da gl huomini, ma ancora da
gl animali; cosi la seruitu come suo contrario deue
essere la piu odiata, et abhorrita. Et magior cura ha
l'huomo da tenere della libertà, che d'altro Il Sel.

Dopo il peccato del primo huomo, fu comandato da Dio, che
si durasse continua fatica, a fine di godere la terra. Onde mentre dura la vita, ubediente sarà tenuto colui, che
con sudori s'acquista la virtù. A me è parso meglio effica
cissimo la fatica dello scrivere, il quale di quanto utile
sia, et honore, lo lascio al giuditio del mondo. Il Sellari

Perche il mastro diligente, deue sempre accommodarsi
secondo la natura dello scolaro, imparandoli quella ma
niera di lettera, nella quale è piu inclinato Ho uoluto
moſtrare in queſta mia opera diuersi caratteri, e can
cellaresche, accio si poſsi eſsercitare in quella. Il Sellari

*Se bene molti huomini in questa professione diligentissimi hanno dato in luce le uere regole; tuttauia ho voluto con breuita mostrar al mondo, che non consiste il bene scriuere se non in uguaglianza ugual pendenza, e ugual distanza, e se anderanno ben considerando, troueranno, che la gran difficulta, che e nello scriuere, gli diuerra facile e dilettuole, osseruando le mie regole. Il Sellari scriueua in*

Perche nell'alfabeto ordinato apparisce, che ogni lra
apporti seco la sua difficolta, ho voluto scompartirlo
in cinque righe, accompagnando tutte queste lettere,
che nascono da un medesimo tratto di penna; come
si vede nel secondo alfabeto mio, accio si renda
piu facile ad imitarsi. Il Sellari scriveua in Ro

Aaabbccddeeſſſgghhiiyllmm
nnoopp qqrrſſsstt uu vxx yzz

COnfitebimur tibi Deus confitebimur, & inuocabimus nomen tuum Narrabimus mirabilia tua cum accepero temp.ˢ ego iuſtitias iudicabo. Liquefacta eſt terra, & omnes qui habitant in ea, ego confirmaui ʒ

Iulianus Sellarius Scribebat.

Aaabbccddeeffg
ghhiillmmnnoo
ppqqrrſsttuxyz
Sellarius S.

Alfabeto, doue si uedono
tutte quelle lettere, che nas:
cono da un medesimo tratto.
Sellari

Il Sellari scrivea

All'Ill.mo Sig. mio e pron Col.mo Il Sig.re
Conte Carlo Valperga

Hà un pezzo ch'io uiuo seruitore di V. S. Ill.ma di singolar diuotione, ma non hò preso mai ardire di dichiararmele tale, ritenuto dalla conoscenza della mia debolezza poco proportionata all'eccellenza de meriti delle rare qualita che in lei concorrono, assicurato finalmente da segni, che hò ueduto della sua gentilezza presento a V. S. Ill.ma la mia seruitu sperando, ch'ella nel gradire il dono, supplira alla picciolezza di esso, con la generosita del suo animo e le bacio humilm.te la mano

Humiliss.o Ser.re
Leop.o Antonozzi

All'Ill.mo e R.mo S.re mio e P.rone Colen.mo
M. Bartolomeo Oreggi Teologo, Camer.o
et Elemosiniero Secreto di N. Sig.re

Niega li douuti honori alla stessa uirtù, chi non honora V. S. Ill.ma Io però che la riuerisco quanto conuiene, e nel ciò fare seguo non meno il suo merito, che l'obligo mio, mi fò animo à darle un particolar segno della mia diuotione, ardisco, dico, di dar luogo al nome di V. S. Ill.ma trà questi miei caratteri, persuaso, che la sua generosità non isdegnerà di tenersi sodisfatta del debito, che mille fogli non capiriano; col presente di quattro uersi, e permetterà che questi medesimi tenebrosi di lor natura, dal Diamante della sua chiarezza riceuano splendore da comunicarne anche altrui

Humiliss.mo e Deuot.mo Ser.re

Leopardo Antonozzi

All' Ill.mo Sig.e e P.rone mio Colen.mo

Il Sig. Marchese Girolamo Mattei

La persona di V. S. Ill.ma ò che si guardi all'antica, e notissima nobiltà del suo sangue, ò alle singolari, e proprie virtù dell'animo suo, è per se stessa così chiara, ch' io potrei esser riputato forse di non sano giuditio, se nel dedicare in questi fogli all'immortalita il suo nome, io pensassi d'accrescerle splendore, poiche il merito di V. S. Ill.ma può hauere giusto luogo da per tutto. Io seguo però nel ciò fare il debito della mia gratitudine uerso gl'infiniti fauori riceuuti dalla sua generosità, e la suppl.co à gradirne il segno, e conseruarmi l'honor della sua gratia

Humilissimo Seru.re

Leopardo Antonozzi Osimano

All' Em.^mo^ e R.^mo^ Sig.^re^ e Pron mio Col.^mo^
Il Sig.^r^ Cardinale de Aracœli.

RIconobbe la mia Patria gli effetti della diuina prouidenza in suo benefitio fin d'all hora, che l'anime di quella furono commesse alla Cura Pastorale di V. Em.^a^ perche apprendessero dal suo zelo gl' instituti della pietà, e caminassero col suo essempio alla vera perfettione. E fin d'all' hora cominciai à rammaricarmi, che la mia lontananza mi togliesse di rẽder tanto più lodeuoli le mie operationi, quanto più fossero state regolate da gli arbitrij di V. Em.^a^ alla quale, benche lontano, m'auuicino sempre con la diuotione dell' animo. Supplico humilm.^te^ l' Em.^a^ Vrã à riconoscerla in questi tratti imperfetti della mia Penna, che diuerranno riguardeuoli se potranno meritare questo testimonio della sua gratia, e dalla sua humanità.

Di Vrã Em.^za^ R.^ma^ Deuot.^mo^ Ser.^re^
Leopardo Antonozzi Osimano

All'Emin.mo e R.mo Sig.re e Pron mio Colen.mo Il Sig. Cardinal Pallotto
Porta V.ra Emin.za splendore alla nostra Prouincia della Marca più col valore, che con la porpora, anzi
questa arrossisce di uedersi fatta ineguale à premiar degnamente i singolari suoi meriti, a i quali han
seruito di Teatro le Corti più riguardeuoli d'Europa e di spettatori i più sourani Principi dell'Vniuer
so. Io, che miro sepolto il mio nome nell'oscurità de miei inchiostri, e ristretta la mia diuotione uer
so V. Emin.za nell'angustie dell'animo, hò uoluto nel publicar queste mie fatiche testificarle l'humi
lissima seruitù mia, e fregiar delle sue glorie i miei caratteri, perche quelle potranno communicar lo
ro perpetua chiarezza, et à me principale ornamento
Di V.ra Em.za R.ma Deuot.mo Ser.re
Leopardo Antonozzi Osimano

All'Ill.mo e R.mo Sig.re mio e P.rone osser.mo Monsig.re
Ferdinando Dencufuille Abb.te d'Halincourt

Non puo hauere V.S. Ill.ma più certa cognitione de gli oblighi miei, e della mia diuotione uerso la sua persona, che ricercando in se stessa la cagione, et i meriti, che li producono. A questi s'ag-giungono i fauori, che V.S. Ill.ma si è degnata di farmi così uiui, e così noti del suo generosissimo affetto, che per riuerir gli uni, e per non rendermi affatto incapace de gli altri in ogni tempo, et in tutte l'occasioni, et anche per custodirmi il titolo, che porto d'humilissimo seruitore di V.S. Ill.ma, uolentieri ne fò al mondo una publica confessione, col mezzo di queste quattro righe, alle quali non puo essere di maggior prerogatiua, ne di maggior ornamento, che lo splendore della sua nascita, et l'ornamento del suo nome, et della sua protettione

D.V.S. Ill.ma e R.ma

Humiliss.mo Ser.re Leopardo Antonozzi

Al molto Ill.re mio, e Prone osser.mo Il Sig.re Horatio Felici Ser.e Eccellent.mo
S'io publicassi la presente mia opera di scriuere senza fregiarla del nome di V.S. mostrerei di non conoscere il pregio ch'ella può dar'ad essa, ch'à quell'eccellenza di questa nobil professione si è auuanzata, alla quale l'altrui penne in vano di giunger s'affaticano. Piacciale ch'io mi prenda da lei quest'honore, e che faccia palese ad vn'hora à gli altri, quanto io riuerisca in V.S. quella virtù, che non posso agguagliare, che sarà pur vn'accrescere à se stessa lode, et à me nuouo obligo di seruirla, benche ne tenga già mille cagioni della singolar humanità sua
Oblig.mo Ser.re Leopardo Antonozzi Osimano

All Ill.mo S.re mio e Prone
Col.mo Il Sig.re Vdalrico
Barone di Kolourat
E picciol segno di seruitù questo, ch'io dò à V. S. Ill.ma consecrando all'immortalità
il nome suo in questi fogli, mà forsi non indegno di trouar luogo nella sua gratia, ue-
nendo accompagnato da affetto grande, e diuoto, co'l quale non solamente uengo per
hora à riuerire il suo merito, & à sodisfare in parte al mio debbito, mà prego continua
mente la Diuina bontà, che le conceda quell'auuanzamento di gloria, e felicità, che
suol'andar congionta coll'eminenza della virtù, nel cui largo campo s'è cosi chiara-
mente illustrata la sua persona, come testifica la fama publica, degna tromba
delle lodi di V. S. Ill.ma
Humiliss.mo Ser.re
Leopardo Antonozzi
Osimano.

Al molto Ill.re e m.to R.do Sig.re mio, e Prone Oss.mo
Il Sig.re Crescentio Saccardi Seg.rio Ecc.mo

Come io procuro d'acquistar lode al mio giuditio, riuerendo l'eminenza del merito di V.S. così mi studio d'honorar i miei caratteri, esprimendo in essi la celebrità del suo nome, et in questa maniera godo accresciuto il frutto dell'antica seruitù mia con esso lei. Perdoni V.S. il difetto dell'ardire alla penna, per non negare l'aumento del beneficio all'osseruanza, e si ricordi, che Cesare non isdegnò, ch'anco una Ceruia portasse al collo l'ornam.to del suo nome

Aff.mo et obligat.mo ser.re
Leopardo Antonozzi Osim.o

All'Ill.ma et Ecc.ma Sig.ra e Prona mia Colen.ma La Sig.ra Donna
Olimpia Aldobrandini
Principessa di Rossano

Nascer da Grandi non è più che fortuna. Ma superare le grandezze col valore è lode d'animo Eroico.
V. Ecc.a honora i Principati frà quali è nata; e poiche frà le tenerezze della sua età ella apparisce
quasi superiore alla conditione humana, diciamo pure, che sia stata destinata da Dio, et à ornare
il mondo con nuoue virtù, et a partorire personaggi eminenti, e scoprirci nuoui lumi à merauiglia
de secoli, et à pompa dell'onnipotenza Diuina. Io, che hò hauuto fortuna di seruirla, reputo su-
prema felicità di potir celebrarla, sicuro, che quella, che hoggi illustra Roma, habbia in breue
da esser inchinata da popoli; giache l'Ecc.ma Casa Aldobrandina è in possesso d'aggiunger Gem-
me a diademe de Prencipi. Io ligo in tanto i miei stupori frà questi humilissimi carattri,
a fine che restino in faccia del mondo, e sepolti gia in una profondissima deuotione, apparis-
cano sempre uiui sù questo riuerentissimo foglio. Et a V. Ecc.a humilm.te m'inchino.

D. V. Ecc.a Humilissimo, et Obligatissimo Seru.re
Leopardo Antonozzi

Al M.to Ill.re e m.to Ecc.te Sig.re e Pron mio
oss.mo Il Sig. Ranerio Mattucci

Chi non può sodisfare all'obligationi, che hà con persona benemerita, ò per grandezza de benefici riceuuti, ò per debolezza di proprie forze, non porta impressa nell'animo macchia d'ingratitu-dine se fa palese altrui, nella confessione del suo debito, la magnificenza del Benefattore. Io, che conseruo sempre uiua la memoria dei fauori segnalati fattimi in ogni tempo dalla benefica mano di V. S. hò uoluto lasciarne publica testimonianza al Mondo in questi Caratteri, che sono for-mati dalla mia penna, ma dettati dall'obligata mia osseruanza uerso di lei, la qual prego uiuam.te à riconoscer in essi questo qual si sia termine di gratitudine, che non può essermi conteso dalla te-nuità della mia fortuna. E le bacio le mani.

D. V. S. M.to Ill.re e m.to Ecc.te Obligat.mo Ser.re
Leopardo Antonozzi

Al m.to Ill.re e R.mo Sig.re e Pron mio oss.mo
Il Sig. Andrea Trzebicki Scolastico
della Cathedrale di Plosca

Che V. S. R.ma allo studio di tante graui scienze, nelle quali si è fin'all' altrui marauiglia auuanzata, habbia uoluto aggiungere anche quello del formar col mio indirizzo un bellissimo carattere ciò, benche possa accrescer lode al suo grand'ingegno, lascia però alla mia penna pregio tanto maggiore, quanto è più dubbio, se l'habbia ella imitata ò più tosto superata. Di che me le reputo così tenuto, che uoglio ne rimanga anche à posteri eterna testimonianza nelle presenti righe

D. V. S. m.to Ill.re e R.ma oblig.mo Seru.re
Leopardo Antonozzi

All' Alt.$^{za}$ del Ser.$^{mo}$ Principe Mauritio

Cardinal di Sauoia

Hà preso la mia penna ben'alto il volo, se la prima uolta ad esempio dell'Aquile, solcando l'aure, può leuarsi all'Alt.$^{za}$ Vrà. E ben fortunato si è l'ossequio del mio cuore, espresso ne' caratteri di questi fogli, quando senza prestarsi, come faccan gli Egittij, le penne dalle colombe, uaglia in virtù d'una penna à conduruisi à piè del Trono. Diuerrà luminoso anch'egli il fosco di questi inchiostri à i raggi delle Vostre Corone. Di tal coraggio riempie gli animi, Generosissimo Principe, la speranza conceputa della Vostra Real Clemenza. Dio in tanto rasereni il cielo della nostra Italia, perche l'Alt.$^{za}$ Vrà Ser.$^{ma}$, come uno de' maggior luminari, possa in prò delle buone Arti risplendere con maggior lampi.

D. V. Alt.$^{za}$ Seren.$^{ma}$

Humiliss.$^{mo}$ deuot.$^{mo}$ et obligat.$^{mo}$ Ser.$^{re}$

Leopardo Antonozzi.

All.m.to Ill.re Sig.re e pron mio oss.mo Il Sig. Ascanio Belmesseri
M.ro di Camera Dell'Emin.mo Sig.re Cardinal Biscia

Niuno più di V.S. conosce le mie debolezze; perche prima d'ogn'altro si è
degnata di solleuarle; e mi consolo d'hauer hauuto sorte d'obligarmi
ad vn animo nobile, e di sentir in me stesso, benche debole una tal robu-
stezza sempre uiua, che m'impiega tutto lo spirto à contender continuam.te
per superar le mie forze, onde possa dimostrar quella riuerente gratitudine,
che le professo. La uolontà si riceue in luogo d'effetto, quando quella trapassa
con le conditioni tutti gli effetti. Prego però à V.S. ogni fortuna maggiore,
assicurandola, ch'ella non haurà da desiderar mai in me osseru.za più humile

D.V.S. m.to Ill.re Oblig.mo Ser.re Leopardo Anton.zi

Quattro frà l'altre virtù rendono heroico, et eminente il Capitano,
pietà della Religione, fortezza d'animo, e di corpo, pru=
denza nel deliberare, e uelocità nell'esseguire. Il Greco chiamò
il suo Acchille di ueloce piede. Il Latino pietoso il suo Enea,
Il nostro della lingua toscana tutte l'accoppiò insieme nel suo
gran Goffredo, e diuinamente disse: Canto l'arme pietose e'l Cap.no

L. Antonozzi Osimano Scriueua

Quell'effetto, che fà la Rettorica, mentre con gli argomenti, e colori persuade;
E quell'istesso fà ancora una lettera ornata di belli concetti, e uaghi
caratteri, quali la rendono si dolce, et amabile, che non una uolta, ma più
si legge, e rilegge, anzi non abbalbotisce, come suole auuenire per timore alla
fauella, ne meno s'arrossisce, ma più uolte rileggendosi liberamente dice
il suo pensiero. Leopardo Antonozzi scriueua.

Perche dell'arte dello scriuere sia istromento la penna, geroglifico della leggerezza tirano in conseguenza alcuni, che sia uanità il porre fatica, e studio nell'acquista re l'ornamento d'un polito carattere. Ma ò quanto questi tali più leggieri sono della penna istessa, mentre negano, che un'ingegnosa compositione non si renda riguardeuo le dall'industria di chi con la mano la rappresenta à leggersi col mezzo le forme dell'Alfabeto, le quali tra di loro habbino simetria, che come disse il Poeta

Ben tal'hor cresce una beltà un bel manto Leopardo Antonozzi Scr.[e]

Se molti grandissimi huomini hanno uoluto lasciar le
statue, e l'imagini de' corpi loro; perche non debbiamo
noi maggiormente lasciar l'effigie de i consigli, e della
uirtù espressa, et pulita da gl'ingegni de gli huomini
dottissimi? Leopardo Antonozzi Osimano scriueua

A a a a a b b b b c c c c c d d d d e e e e e e e e f f ff f g g

g g h h h h ſ ſ ſ ſ ſ i i i i ÿ ÿ ÿ ÿ l l l l m m m m n n n n o

o o o o o o o o p p p p q q q q r r r r r r r r s s s s t t t t tt tt

st st v v v v u u u u x x x x y y y y z z zz zz zz an annm

amm ar arr arriuare ssimpprrso L'Antonozzi scriueua

Antonottus
Inuentor